LEA LA BIBLIA

*Conocer a Dios
a través de Su Palabra*

I0164292

POR

TIMOTHY ARCHER

ISBN: 978-0-9861136-2-8

Copyright 2019 por Herald of Truth, Inc.

Herald of Truth Publications
P.O. Box 2439
Abilene, TX 79604
Estados Unidos
heraldoftruth.org
800-234-7995

A menos que se indique lo contrario, las citas bíblicas
de este libro se toman de la versión Dios Habla Hoy
— Edición de Estudio (DHH), Sociedades Bíblicas
Unidas, 1994.

CONTENIDO

Las Referencias Bíblicas

Hay distintas formas de referirse a los textos bíblicos. En este libro, vamos a utilizar el siguiente sistema:

• **Génesis 1**. Esto se refiere al capitulo 1 del libro de Génesis. Como no hay mención de cierto versículo, quiere decir que el capitulo entero se incluye en esta referencia.

• **Génesis 1, 3**. Aquí la coma quiere decir "y". La referencia, entonces, incluye los capítulos 1 y 3 en su totalidad.

• **Génesis 1-3**. Esto quiere decir todos los versículos de los capítulos 1, 2 y 3. (El guión (-) significa "al".)

• **Génesis 1:1**. Los dos puntos (:) separan el número del capitulo de los números de los versículos. Esto se refiere al capitulo 1 de Génesis, versículo 1.

• **Génesis 1:1, 3**. Esto indica los versículos 1 y 3 del capitulo 1. Otra vez, la coma quiere decir "y".

• **Génesis 1:1-3**. Esto se refiere a los versículos 1, 2 y 3 (es decir, 1 al 3 inclusive) del capítulo 1 de Génesis.

• **Génesis 1:1-3; 6:1; 7:5-10**. Esta es una lista de varias referencias. Los capítulos siempre se separan de los versículos con los dos puntos (:), pero una referencia se separa de otra por el punto y coma (;). Todo esto, entonces, quiere decir: Génesis, capitulo 1, versículos 1 al 3; capitulo 6, versículo 1; y capitulo 7, versículos 5 al 10.

• **Génesis 1:1-3; 6:1; 7:5-10; 1 Juan 1:5-7, 10**. En una lista de referencias también son separados los diferentes libros de la Biblia de otros por el punto y coma. La cita aquí indicada en 1 Juan se refiere a los versículos 5 al 7 y el versículo 10 del mismo capítulo 1. Note que el número que aparece antes del nombre de un libro indica uno de los libros de una serie, en la cual todos tienen el mismo nombre. Por ejemplo: 1 Reyes, 2 Reyes; 1 Juan, 2 Juan, 3 Juan. No vaya confundir el Evangelio de Juan con las cartas de Juan. Si Juan no lleva número al frente, se refiere al Evangelio de Juan. Si lleva número, son las cartas (epístolas).

Capítulo 1

Un libro santo

Para hablar del crecimiento del Reino de Dios, Jesucristo contó una parábola acerca de un hombre que salió a sembrar. La semilla cayó en cuatro lugares distintos con resultados diferentes. Una parte cayó sobre el camino y fue devorado por los pájaros. Otra parte cayó sobre tierra rocosa; creció, pero sin tener buenas raíces, se marchitó en seguida. Algunas semillas cayeron entre espinos; las plantas brotaron, pero los espinos las ahogaron. Una parte cayó en buena tierra y dio buena cosecha.

Jesús dijo que la semilla es la Palabra de Dios. La semilla era buena en cada caso; la diferencia estaba en la tierra, o sea, los corazones de las personas que escucharon la Palabra.

Si nosotros queremos que la Palabra de Dios crezca en nosotros, tenemos que asegurarnos que la tierra de nuestros corazones sea fértil.

Características del corazón fértil

Aunque podríamos señalar muchas características, vamos a ver las más esenciales en el estudio bíblico:

- **Una mente abierta.** En algún momento, encontraremos un conflicto entre lo que ya creemos y lo que la Biblia dice. ¡Eso es bueno! Queremos aprender. No buscarmos dominar a la Biblia; buscamos que ella nos domine a nosotros.

- **Un corazón obediente.** Tenemos que estar dispuestos a aprender cosas nuevas y vivir de acuerdo con lo que aprendamos. Todos tenemos ideas y opiniones, y es difícil dejarlas a un lado al estudiar la Biblia. Aprendemos las tradiciones de la iglesia donde asistimos, quizás aprendiendo toda una estructura de interpretación bíblica. De alguna forma, tenemos que dejar todo eso a un lado y sujetarnos directamente a la Biblia.

- **Un alma sedienta de Dios.** No buscamos conocer más acerca de Dios; buscamos conocer a Dios. El salmista escribió: **"Como ciervo sediento en busca de un río, así, Dios mío, te busco a ti. Tengo sed de Dios, del Dios de la vida."** (Salmo 42:1–2) Tal como deseamos agua en un día de calor, debemos anhelar mejorar nuestra relación con Dios.

- **Una actitud reverente.** La Real Academia Española define a la reverencia como "Respeto o veneración que tiene alguien a otra persona." Nos es útil la definición, porque nos ayuda ver que nuestra reverencia hacia la Biblia es, en verdad, una muestra de respeto para con Dios mismo. En vez de buscar errores en la Biblia, leo la Biblia buscando errores en mí mismo, buscando que ella me corrija a mí y no yo a ella. Creo en la inspiración de la Biblia, y hago mis estudios bíblicos con reverencia, considerándola la Palabra de Dios.

- **Un espíritu dedicado a la oración.** Pablo les dijo a los corintios que solamente la gente espiritual podría entender ciertos temas; carne y hueso no comprende las cosas de Dios (1 Corintios 2:12-14). Necesitamos la ayuda de Dios para poder comprender Su Palabra. La oración es una parte esencial del estudio bíblico.

- **Una conexión con la comunidad de fe.** No debemos olvidarnos del hecho de que por miles de años, el pueblo de Dios no tenía copias personales de las Escrituras. Escuchaban la Palabra de Dios en la compañía de otros creyentes. Conversaban acerca del significado del texto, interpretando la Biblia entre todos. Nosotros debemos aprender por nuestra cuenta, pero lo que descubrimos en la Biblia debe coincidir con lo que otros oyentes han encontrado en el texto.

El estudio bíblico inaceptable

¿Cuáles son algunas formas no provechosas de estudiar la Biblia?

1) **El estudio que se realiza solamente para ganar una discusión religiosa.** Uno estudia solamente para poder refutar los argumentos de otras personas. Debemos poder enseñar a otros y corregir a los que estén equivocados, pero siempre tenemos que tener en cuenta que lo más importante es que hallamos la verdad. Lo más importante es que Dios tenga razón, no que nosotros tengamos razón.

2) **El estudio que se realiza para confirmar lo que uno ya cree.** La Palabra de Dios tiene que ser nuestra autoridad en cuestiones religiosas. Donde ella habla, nosotros tenemos que aceptar lo que dice. Ningún hombre tiene el derecho de cambiar lo que Dios ha dicho, no importa quien sea.

¡Cuántos movimientos religiosos han surgido a causa de personas que querían poner sus tradiciones por encima de la Palabra de Dios! En el día final, no va a importar lo que hayan creído nuestros antepasados. No importará lo que haya pensado nuestro vecino ni lo que haya dicho nuestro pastor. Cristo dijo: **"El que me rechaza y no recibe mis palabras, tiene quien lo juzgue: la palabra que he hablado, ella lo juzgará en el día final."** (Juan 12:48) En el día de juicio, cuando estemos delante del trono de Dios, vamos a ser juzgados por la Palabra de Dios.

3) **Estudiar la Biblia como deber religioso.** Si leo por obligación, no es ningún mérito mío. Tengo que leer con ganas, leer con la mente y el corazón, con cuerpo y alma. Así puedo sacar provecho de la lectura bíblica. Estudiamos para conocer a Dios y para ser transformados, no para recibir algún crédito celestial.

La paciencia en el estudio bíblico

La paciencia es un aspecto del fruto del Espíritu que Pablo describe en Gálatas capítulo 5; ser paciente es una marca del cristiano maduro.

Lleva tiempo llegar a conocer la Biblia. Uno al principio escucha a otros citar versículos de acá y allá y piensa: "Nunca aprenderé todo eso." Ve a los otros encontrar los pasajes con facilidad. Se frustra y se da por vencido. Hay que tener paciencia. Vamos conociendo la Biblia con el tiempo.

Si Ud. me lleva a Córdoba, Argentina, conozco muy bien las calles de esa ciudad. ¿Por qué? Porque viví en Córdoba por 13 años. Aprendí las calles no por estudiar un mapa sino por transitarlas. Llegué a conocer la ciudad tan bien que una vez que venía del aeropuerto, le indiqué al taxista un atajo que podría tomar para llegar a mi casa. El chofer estaba incrédulo. "¡No puede ser que un yanqui conozca las calles mejor que yo!" exclamó. Con el tiempo, si voy leyendo la Biblia con frecuencia, voy conociendo los libros, con su contenido.

También necesito tener paciencia con los demás. El apóstol Pablo escribió al joven Timoteo: "**Te encargo mucho que prediques el mensaje, y que insistas cuando sea oportuno y aun cuando no lo sea. Convence, reprende y anima, enseñando con toda paciencia.**" (2 Timoteo 4:1-2) Enseñar con paciencia. Es lo que hace falta en la iglesia hoy. Las discusiones religiosas suelen tornarse feas muy rápidamente. Necesitamos poder dialogar acerca de la Biblia, cada uno expresando sus ideas con amor y paciencia. Tenemos que dar tiempo a nosotros mismos y a los demás para que crezcamos y maduremos en la fe y el conocimiento de Nuestro Dios y su Santa Palabra.

La Biblia es un libro santo

La Biblia es la Palabra de Dios, la revelación inspirada de la voluntad de Dios para el hombre. Es un libro especial, apartado, santo. Leer la Biblia es escuchar la misma voz de Dios.

Cuando digo que el libro es santo, no estoy hablando del

papel ni la tinta. La forma física de la Biblia no es santa. No voy a maltratar un ejemplar de la Biblia, pero tampoco la voy a venerar. Es el contenido de la Biblia que es santo. No importa si esas palabras están impresas, escritas en una pared o transmitidas electrónicamente. Mi computadora no llega a ser santa cuando leo la Biblia ahí; ese papel encuadernado tampoco se consagra. Es el contenido de la Biblia que es especial para mí.

Una vez un amigo mío viajaba en tren y fue reprendido por una persona de otra religión porque llevaba un Nuevo Testamento en su bolsillo. La otra persona le dijo que no estaba respetando la Palabra de Dios. Mi amigo respondió que la respetaba tanto que la llevaba a todos lados para poder estudiarlo. El otro, que profesaba su respeto por su libro santo, no traía un ejemplar consigo. Estudiamos la Biblia con reverencia, y mostramos reverencia por estudiarla.

Apuntes del capítulo 1

Apuntes del capítulo 1

Capítulo 2

Comenzar con la Biblia

Cuando era niño, me encantaba ir a la biblioteca. Había miles y miles de libros esperando ser leídos. Y yo quería leer todos.

Pero jamás se me ocurrió ir al primer estante, agarrar el primer libro y leerlo, para luego leer el segundo y después el tercero. Tampoco iba a leer los libros en orden alfabético. Yo buscaba libros adecuados para un niño de mi edad que hablaban de temas que me interesaban.

En una biblioteca nadie lee los libros en orden. La Biblia tampoco fue escrito para leerse así. Es una biblioteca que contiene 66 libros, con un poco de todo. Hay libros de historia y biografías. Hay poesía, romance, código legal, y proverbios. Hay cartas personales y cartas escritas a conjuntos de iglesias.

Al ver la biblioteca que es nuestra Biblia, uno puede ver cómo la gente puede pasar su vida entera estudiándola.

A veces alguno dirá que la Biblia es sencilla para entender. "Solamente tenemos que leerla y hacer lo que vemos en ella." Pero la Biblia no afirma eso. Si un principiante agarra el libro de Génesis, buscando hacer lo que dice ahí, capaz que termine construyendo un arca para llenarla de animales.

En la Biblia, vemos un momento importante en el libro de Nehemías cuando un grupo grande de gente se reúne para escuchar al profeta Esdras leer de la Ley de Moisés. El texto nos dice que un grupo de hombres religiosos paseaba entre la gente, ayudándole a entender. **"Leían del libro de la ley de Dios y explicaban con claridad el significado de lo que se leía, así ayudaban al pueblo a comprender cada pasaje."** (Nehemías 8:8, *Nueva Traducción Viviente*) La gente necesitaba ayuda para poder comprender la Biblia; los líderes anticipaban eso y estaban ahí para ayudar.

En el libro de Hechos, vemos a un creyente etíope quién leía del libro de Isaías. Un evangelista llamado Felipe se le acercó y le preguntó si entendía lo que leía.

"¿Cómo lo voy a entender, si no hay quien me lo explique?" (Hechos 8:31) Felipe le ayudó a interpretar el texto. No exigía que el etíope entendiera por su cuenta.

No debemos sentir vergüenza al pedir que alguien nos ayude a comprender la Biblia. La única vergüenza sería no pedir ayuda cuando hace falta.

¿Por dónde empiezo?

En vez de comenzar por Génesis, yo recomiendo que empiece con uno de los libros acerca de la vida de Jesucristo, uno de los cuatro evangelios. En mi experiencia, el evangelio de Marcos es un buen lugar dónde comenzar.

Marcos es un libro de acción que enfoca lo que Cristo hizo más de lo que enseñó. Es un libro corto; la mayoría de la gente puede leerlo en una hora o dos. Después de leerlo, conocerá la historia básica de Jesucristo: su vida, su muerte, y su resurrección.

Después de Marcos, recomiendo que lea otro libro acerca de Jesús, el evangelio de Juan. Ambos libros presentan la historia de Cristo, pero lo hacen de maneras muy distintas. La presentación de Juan es mucho más filosófica, con largos discursos que revelan las enseñanzas de Jesús. Juan y Marcos cuentan algunas de las mismas historias, pero sus libros son muy distintos entre sí.

Después de leer estos dos evangelios, sugiero que lea el libro de Hechos (Hechos de los Apóstoles). Hechos cuenta la historia del comienzo de la iglesia y su expansión inicial. Provee el trasfondo para el resto de lo que leemos en el Nuevo Testamento.

De ahí, you sugiero el siguiente plan de lectura:
Gálatas
Efesios
Génesis
Éxodo 1-20
Un breve repaso del resto de Éxodo
Hebreos

Romanos

Gálatas es una buena introducción a las cartas del Nuevo Testamento. La mayoría de las cartas fue escrita para responder a algún problema en la iglesia; Gálatas nos ayuda ver eso. Y Gálatas presenta enseñanzas importantes acerca de las buenas nuevas de salvación.

Efesios es un libro excelente para ver cómo es la madurez en Cristo. Gálatas fue escrito a una iglesia de creyentes nuevos, mientras la iglesia de Efeso había existido por varias décadas cuando Pablo escribió esta carta.

Luego sugiero que regresa al principio, al libro de Génesis. Habiendo aprendido acerca de Cristo y su iglesia, ya puede comprender mejor las promesas hechas a Abraham y su familia. Como ya sabe a dónde va la historia, puede leer Génesis sin sentir la necesidad de construir una arca o trasladar su familia al Medio Oriente.

Los primeros 20 capítulos de Éxodo continúan con la historia que empezamos a ver en Génesis. Terminan con la entrega de la Ley de Moisés en el Monte Sinaí. El resto del libro de Éxodo contiene esa ley; sugiero que repase esos capítulos rápidamente para ver cómo era la Antigua Ley. (Ver ese código legal debe ayudarle a reconocer que la mayor parte de la Biblia no consiste de leyes y mandamientos).

Ahora puede leer con provecho el libro de Hebreos. Hebreos nos muestra que Cristo nos trajo un nuevo pacto con Dios. Ya no vivimos bajo aquella Ley de Sinaí. En vez de acercarnos a Dios por medio de sacerdotes y sacrificios, tenemos una relación directa con Dios por medio de Jesucristo.

Romanos es el último libro en este plan para principiantes. El libro de Romanos utiliza conceptos que vimos en Génesis y Éxodo, y nos ayuda a comprender las buenas nuevas de Cristo.

Este plan no es nada mágico. Existen otras formas de comenzar a leer la Biblia. Lo más importante es que empiece a leer y que siga leyendo la Palabra de Dios.

El orden de los libros

Si visitara Ud. una sinagoga moderna y hojeara una copia de las escrituras hebreas, encontraría los mismos libros que tenemos en el Antiguo Testamento cristiano... pero no en el mismo orden. Desde tiempos antiguos, los judíos han organizado sus escrituras en tres divisiones: La ley (el torá), los profetas (los Nevi'im) y los escritos (los ketuvim). Los judíos combinan los tres nombres de estas divisiones, y hablan de sus escrituras como el Tanaj. Los primeros cinco libros son los mismos que tenemos en la Biblia cristiana; de ahí el orden cambia. El último libro en la Biblia hebrea es 2 Crónicas.

Vemos ese orden en Lucas 11, Cristo dice: **"Pues a la gente de hoy Dios le va a pedir cuentas de la sangre de todos los profetas, que ha sido derramada desde que se hizo el mundo, desde la sangre de Abel hasta la de Zacarías, a quien mataron entre el altar y el santuario."** (Lucas 11:50-51) Según el orden judío, sus escritos empiezan con Génesis y terminan con 2 Crónicas. Abel es el primer mártir en el libro de Génesis; Zacarías es el último mártir en el libro de 2 Crónicas. Además, Cristo hizo referencia a las tres secciones de los escritos hebreos cuando habló de **"todo lo que está escrito de mí en la ley de Moisés, en los libros de los profetas y en los salmos."** (Lucas 24:44)

Cuando la Biblia hebrea se tradujo al griego y al latín, los libros se agruparon por tema. Se pusieron en el orden que tenemos nosotros hoy en día en nuestras Biblias en castellano.

Los libros del Nuevo Testamento no están en orden cronológico. En primer lugar, tenemos los cuatro evangelios. Ellos fueron escritos en distintos momentos, pero hablan del mismo período de tiempo, la vida de Jesús. Luego viene el libro de los Hechos, que habla de los primeros años después del ministerio de Jesús.

Luego tenemos las cartas de Pablo, organizados por tamaño de las cartas, no por cronología. Luego están las cartas generales, agrupadas según el tamaño y el autor. Por último, viene el libro de Apocalipsis, el único libro de profecía en el Nuevo Testamento.

Los dos testamentos

La Biblia se divide en dos testamentos, el Antiguo Testamento y el Nuevo Testamento. Es importante que entendamos la diferencia entre los dos. El Antiguo Testamento es de mucho valor para nosotros. Pablo escribió a los romanos: **"Todo lo que antes se dijo en las Escrituras, se escribió para nuestra instrucción, para que con constancia y con el consuelo que de ellas recibimos, tengamos esperanza."** (Romanos 15:4) Podemos aprender muchísimo por estudiar el Antiguo Testamento.

Pero es muy importante que entendamos que el Antiguo Testamento habla del tiempo antes de la era cristiana. Habla de un pacto que Dios hizo con su gente en aquel entonces. No nos habla de cómo vivir bajo el nuevo pacto que trajo Jesucristo.

Cuando el Antiguo Testamento habla de sacrificios de animales, no está hablando de una práctica cristiana. Eso era parte del antiguo pacto, no del nuevo. Cristo vino como el sacrificio perfecto.

El antiguo pacto tenía muchas leyes que no están en el nuevo pacto. El antiguo pacto hablaba de guardar un día por semana como día de descanso; el nuevo pacto dice que nuestro sábado, nuestro descanso, estará en el cielo. El antiguo pacto habla de diezmar, de dar a Dios el 10% de lo que uno gana. El nuevo pacto habla de ofrendar de corazón, sin poner una cantidad exacta que el cristiano debe dar. El antiguo pacto tenía fiestas anuales que los creyentes celebraban; el nuevo pacto tiene una fiesta semanal, la cena del Señor.

Nosotros leemos el Antiguo Testamento para aprender sobre Dios y su relación con su pueblo. Aprendemos mucho sobre las actitudes que debemos tener para con Dios. Aprendemos mucho sobre la naturaleza de Dios. Pero no buscamos ahí las leyes para nuestra conducta hoy en día. Es un error sacar prácticas del Antiguo Testamento, como la circuncisión o el diezmo, y aplicarlas a la iglesia.

De igual manera, es un error muy grande dejar de estudiar el Antiguo Testamento. Algunas personas dicen: "Bueno, si somos del nuevo pacto, entonces no tenemos por qué estudiar el Antiguo Testamento." Pero no es así.

El Antiguo Testamento nos provee ejemplos de fe. También nos da ejemplos de la desobediencia. Nos revela la naturaleza de Dios y señala a Cristo. Las profecías del Antiguo Testamento nos dan confianza en nuestra fe en Cristo. El Antiguo Testamento nos enseña sobre la adoración, la justicia social, la paciencia en el sufrimiento y muchos temas. El Antiguo Testamento nos llena de esperanza, y nos da mejor perspectiva en cuanto a la obra de Dios.

Sobre todo, el Antiguo Testamento nos lleva a la salvación y nos prepara para la obra del Señor. Cuando Pablo escribió a Timoteo acerca de las escrituras que Timoteo conocía "desde su juventud," hablaba del Antiguo Testamento, no el Nuevo. Y Pablo le dijo a Timoteo: **"Recuerda que desde niño conoces las sagradas Escrituras, que pueden instruirte y llevarte a la salvación por medio de la fe en Cristo Jesús. Toda Escritura está inspirada por Dios y es útil para enseñar y reprender, para corregir y educar en una vida de rectitud, para que el hombre de Dios esté capacitado y completamente preparado para hacer toda clase de bien."** (2 Timoteo 3:15-17)

No deje de estudiar el Antiguo Testamento. Nos instruye y nos lleva a la salvación. Nos capacita y prepara para buenas obras. El Antiguo Testamento ocupa dos terceras partes de nuestra Biblia. Aunque no vamos a buscar en él descripciones de prácticas cristianas, sacamos mucho provecho de él.

Apuntes del capítulo 2

Apuntes del capítulo 2

Capítulo 3

La lectura personal

Cada uno de nosotros necesita desarrollar el hábito de tener tiempo a solas con Dios. Un tiempo para hablar con El y dejar que El hable a nuestros corazones. Aquí va unas sugerencias prácticas:

- **Busque un lugar tranquilo, con buena luz.** Suele ser conveniente utilizar un cuaderno, así que una mesa puede ser el lugar indicado.

- **Comience con una oración, pidiéndole a Dios su presencia y su ayuda.** Ahora está listo para leer el pasaje.

- **Lea el pasaje, prestando atención a lo que lee.** Si está en un lugar donde puede hacerlo, puede ayudar leer en voz alta.

- **Anote unos pensamientos sobre el texto, o preguntas que se le ocurren o ideas que surgen del texto.**

- **Lea de nuevo, buscando profundizar sobre esas reacciones iniciales.**

- **No se preocupe si no puede leer mucho.** Recuerde: es más importante leer bien que leer mucho. Si le lleva 10 años leer la Biblia completa ¿qué importa? No hay ningún provecho en leer toda la Biblia en una semana y no recordarse de lo leído.

- **Lea esperando escuchar la voz de Dios por medio de Su palabra revelada.** "Señor, ¿qué tiene para decirme hoy?"

- **Termine con otra oración, comprometiéndose a obedecer lo que Dios le está diciendo en Su Palabra.**

El estudio personal

En la lectura bíblica, uno está leyendo en forma devocional, sin tomar el tiempo necesario para profundizarse en un tema. En el estudio bíblico, buscamos hacer exactamente eso: profundizarnos.

Sugiero que concentre su estudio en estudios textuales. Aprenda a estudiar bien un texto antes de hacer estudios temáticos. Solemos sentir el apuro de poder hablar de temas puntuales, pero es importante que tengamos primeramente una base sólida en el texto. Si nos descuidamos, comenzamos a hacer estudios temáticos que hacen caso omiso del contexto.

Para comenzar el estudio, podemos seguir unos pasos básicos:

1) Asegúrese de saber bien qué dice el texto. Si puede leer en más de una versión, mejor.

2) Después de leer el pasaje varias veces, trate de identificar el punto principal.

3) Anote todas las preguntas que surjan del texto.

4) Busque las frases y palabras que se repiten.

5) Identifique la conexión entre este pasaje y los textos que vienen antes y después.

6) Trate de reconocer qué papel juega el pasaje estudiado dentro del libro bíblico en que se encuentra.

7) Escriba un pequeño resumen del texto, explicando lo que parece ser su tema.

8) Entonces, y solamente entonces, busque en otros libros lo que otras personas hayan dicho sobre este texto. Un error común es querer recorrer primero a la opinión de otras personas. Trate de sacar sus propias conclusiones antes de buscar las de otros.

El estudio es un paso avanzado. Hay que saber caminar para aprender a correr. Hay que sentirse cómodo con la lectura bíblica antes de entrar en el estudio. Pero ponga como meta el estudio profundo de la Palabra de Dios.

Las herramientas básicas

Muchos oficios tienen sus herramientas particulares. Pregunte a un carpintero, y él le mostrará las herramientas que tiene para trabajar la madera. Una dentista tiene sus instrumentos. Un mecánico tiene sus destornilladores y sus llaves.

Para el estudiante de la Biblia, las herramientas básicas son cinco. Pueden mencionarse muchas más, pero estas cinco son, en mi opinión, lo básico.

- **Primeramente, Ud. necesita una buena Biblia.** Hay Biblias baratas, pero vale la pena que en algún momento Ud. invierta en una Biblia de calidad. No digo cara, pero sí digo de calidad.

- **Segundo, necesita lápiz y papel.** Conviene tener un cuaderno dedicado solamente al estudio.

- **Tercero, le conviene tener un diccionario.** Diccionario de la lengua española. Aunque parezca mentira, casi siempre encontramos palabras en nuestra lectura que desconocemos. Conviene tener un diccionario.

- **La cuarta herramienta es el diccionario bíblico.** Este libro le daré información sobre cosas que se mencionan en la Biblia. Ahí puede leer sobre los fariseos o los babilonios o las fiestas de los judíos. Un buen diccionario bíblico es de mucha utilidad.

- **Quinto, conviene tener lo que se llama una concordancia.** La concordancia bíblica nos permite buscar la ubicación en el texto de palabras o frases. Por ejemplo, puedo buscar la palabra "paciencia" y ver dónde se menciona en la Biblia.

Examinemos estas herramientas una por una:

Una Biblia para el estudio

¿Qué debe buscar en el momento de comprar una Biblia?

1) **Busque una traducción que Ud. pueda entender.** Leer una Biblia que no puede entender no le será de mucho provecho.

2) **Busque una Biblia con buena encuadernación.** Una buena Biblia será su acompañante por años; la encuadernación tiene que aguantar el paso del tiempo.

3) **Busque una Biblia con letra fácil de leer.** Una Biblia para el estudio no debe tener letra muy chica.

4) **Fíjese en las ayudas que trae.** Por ejemplo, las mapas son de mucha ayuda. También son las referencias a pasajes que traten el mismo tema. Algunas Biblias contienen introducciones para cada libro bíblico. Antes de comprar, conviene considerar las ayudas que trae una edición de la Biblia.

5) **Existen Biblias de estudio que traen amplios recursos para el estudio bíblico.** En cuanto al precio, generalmente son menos accesibles que otras Biblias, pero suelen traer otros recursos, como concordancias o diccionarios bíblicos. Para el estudiante serio, son una ayuda grande.

Quiero animarle a que trate de conseguir una Biblia de calidad, una que durará muchos años. Yo suelo utilizar una Biblia que se me regaló hace 35 años. Me ha sido una compañera fiel.

Son buenas las biblias digitales. Yo las uso muy seguido. Pero no reemplazan a la Biblia de papel. Los estudios muestran que aprendemos mejor leyendo un libro físico que leyendo en una pantalla. Consígase una buena Biblia de papel.

Un cuaderno de estudio

La segunda herramienta básica para el estudio bíblico es el cuaderno de estudio. Creo que cualquier persona es capaz de conseguir papel y un elemento de escritura (llámese pluma, bolígrafo, birome o lo que quiera). Es muy conveniente que Ud. tenga un cuaderno que se use exclusivamente para el estudio bíblico. A la medida que vaya leyendo, va a querer anotar distintas cosas.

Una buena práctica es mantener un diario del estudio bíblico. Anote cada día el pasaje que ha leído. Anote preguntas que surjan del texto. Anote las palabras y frases que se repiten. Identifique el mensaje central del pasaje. Escriba aplicaciones, cosas que surjan del texto que puedan ser aplicadas a su vida.

Cada día cuando empiece a estudiar lea lo que escribió el día anterior. Eso le ayudará a mantener el contexto y también le recuerda cuáles eran las cosas que quería poner en práctica.

Otra cosa que puede hacer con su cuaderno es copiar porciones de la Biblia. Cuando estábamos en el colegio, nos hacían copiar lo que la maestra escribía en el pizarrón. Esa práctica facilitaba el aprendizaje y la memorización de los conceptos presentados. Pasa lo mismo con las Escrituras. Escribir los pasajes nos obliga a pensar en su contenido y observar los detalles del texto. Inclusive puede copiar los textos en tarjetas pequeñas y llevarlas consigo durante el día para meditar sobre la Palabra de Dios.

También puede anotar los eventos importantes en su viaje espiritual. Cuando Israel fue atacado por los amalecitas y Dios ayudó a su pueblo a repeler ese ataque, Dios le dijo a Moisés: "Escribe esto en un libro, para que sea recordado." Hacemos bien en registrar las cosas que Dios ha hecho en nuestras vidas, para que esos momentos sean recordados.

Los diccionarios y el estudio

Si no tiene un diccionario de la lengua española, conviene conseguir uno. Hablo inglés como lengua materna, pero aun en el inglés suele haber palabras que necesito buscar. Es bueno tener un diccionario a mano para ver el significado de las palabras difíciles.

Sería bueno que utilice un diccionario bíblico también. Hoy en día, es muy fácil encontrar uno en la Internet. El diccionario bíblico le ayudará a entender no solamente el significado de las palabras sino cómo se usan esas palabras en la Biblia. Por ejemplo, cuando lee de "la Pascua" en la Biblia, fácilmente puede pensar en una de las fiestas que hoy se llaman Pascua. Pero en los tiempos bíblicos, la Pascua era una fiesta de los judíos, conmemorando su salida de la tierra de Egipto.

Otro ejemplo es la palabra "corona." Muchas veces pensamos en las coronas que utilizan los reyes y las reinas. Pero la mayoría de las veces que se utiliza esa palabra en la Biblia, refiere a la corona de hojas de laurel que se daba a los ganadores de las competencias deportivas.

Un diccionario de castellano y un diccionario bíblico son de mucha utilidad para el estudio.

Las concordancias bíblicas

Las concordancias nos ayudan a ubicar pasajes bíblicos que contengan ciertas palabras o frases. Hay buenas concordancias digitales y buenas concordancias físicas. Por tratarse de una ayuda al estudio, yo no veo diferencia entre las dos.

Uno busca una palabra, como ser la palabra "mandamiento." La concordancia muestra todos los pasajes que contienen esa palabra. Se dará cuenta de lo útil que es eso en el estudio. Si estoy leyendo sobre las lenguas, puedo encontrar rápidamente todos los pasajes que hablen sobre las lenguas.

Pero tenga cuidado. No permita que el uso de la concordancia le lleve a hacer caso omiso del contexto. Recuerde, los pasajes solamente tienen sentido dentro de su contexto. La concordancia nos demuestra todas las veces que esa palabra se menciona, pero nos toca a nosotros investigar el contexto.

Si quiere ser un estudiante serio de la Biblia, procure obtener las herramientas necesarias.

Apuntes del capítulo 3

Apuntes del capítulo 3

Capítulo 4

El contexto

Cuando joven, yo trabajaba en una tienda de ropa de hombres. La tienda pertenecía a un amigo de mi papá. Me dio trabajo a causa de esa amistad, ¡no por mi conocimiento de moda!

Un día, le entregaba un pantalón a un cliente, cuando noté un hilo que sobresalía. Estaba por cortar el hilo, cuando una empleada de hace muchos años me vio. "¡NO!" me gritó. "Vas a arruinar el pantalón." Era una tela tejida; cortar un hilo haría que la tela siguiera descosiéndose.

La palabra contexto viene del latín, de una frase que quiere decir "con tejido." La idea es de una tela tejida; si uno saca un hilo del tejido, arruina la tela y el hilo suelto no le da mucha idea de como era la tela original. Así es en el estudio bíblico. Si sacamos una frase, una oración o un pasaje entero de su contexto, lo sacado pierde su sentido original.

Es de suma importancia que respetemos el contexto de un pasaje. ¿Cómo hacemos eso?

- **Primeramente, leemos lo que viene antes y lo que viene después.** Eso se llama el contexto inmediato. Un pasaje solamente tiene sentido cuando se conecta a lo que viene antes y lo que viene después.

- **Segundo, tenemos que ver el contexto de la sección del libro en que se encuentra el pasaje.** Es decir, un versículo sacado de I Corintios 13 no sólo tiene que ver con los versículos que viene antes y después, sino también con todo lo que se dice en la sección de capítulo 12 al 14.

- **Luego tenemos que mirar el contexto del libro bíblico en que se encuentra;** para entender el uso del término "señal" en el evangelio de Juan, miramos a cómo se usa en ese evangelio, antes de ver cómo se usa en otros libros.

- **Después, leemos otros libros que escribió el mismo autor.** Cuando Pablo habla de la salvación por fe aparte de las obras, no está hablando del mismo concepto que utiliza Santiago cuando él dice que la fe sin obras es muerta.

- **Por último, comparamos la interpretación con el contexto de la Biblia entera.** La Biblia no se contradice entre sí, así que todo lo que leo sobre cierto pasaje tiene que concordar con el resto de la Biblia.

El contexto inmediato

El primer contexto que tenemos que respetar es lo que se

llama el contexto inmediato. Tenemos que ver los versículos que vienen antes y los que vienen después. Tenemos que ver de qué está hablando el autor en esa parte del libro para entender qué quiere decir en un versículo indicado.

Por ejemplo, hay personas que quieren citar el Apocalipsis 3:20 para decirle a una persona qué debe hacer para llegar a ser cristiano. En ese versículo, Cristo dijo: **"Mira, yo estoy llamando a la puerta; si alguien oye mi voz y abre la puerta, entraré en su casa y cenaremos juntos."** Hay que ver que ese pasaje fue escrito a un grupo de cristianos, cristianos en Laodicea, cristianos que se habían enfriado en su fe. Ellos tenían que volverse a Cristo, tenían que dejar que Cristo volviera a su corazón. Este versículo no dice nada sobre como hacerse hijo de Dios. Habla de lo que los hijos de Dios necesitan hacer para estar bien con él. Si sacamos ese versículo de su contexto inmediato, podemos hacerlo decir cualquier cosa.

El contexto del libro bíblico entero

Después de examinar el contexto inmediato, ampliamos nuestra visión para evaluar el contexto del libro entero, es decir del libro bíblico. Si estamos leyendo un pasaje en 1 Corintios, es importante verlo en el contexto de todo el libro de 1 Corintios.

Por ejemplo, Pablo dice en el capítulo 11 de ese libro: **"Porque es preciso que entre ustedes haya disensiones, para que se hagan manifiestos entre ustedes los que son aprobados."** Algunas personas agarran de ese versículo para decir que debe haber divisiones en el cuerpo de Cristo. Pero Pablo está diciendo exactamente lo contrario.

Si leemos el libro entero, vemos que la iglesia de Corinto sufría de mucho partidismo, muchas divisiones. Divisiones por problemas personales, divisiones por doctrina, divisiones por diferencias sociales. En el capítulo 1, Pablo expresa el tema central del libro: **"Hermanos, en el nombre de nuestro Señor Jesucristo les ruego que todos estén siempre de acuerdo y que no haya divisiones entre ustedes. Vivan en armonía, pensando y sintiendo de la misma manera."**

No es posible que en capítulo 11 esté diciendo exactamente el opuesto. No, tenemos que respetar el contexto y entender que Pablo está utilizando el sarcasmo. **"Es preciso que entre ustedes hay divisiones..."** es una expresión sarcástica.

El contexto por autor

También es provechoso ver el contexto de cada autor bíblico. Cada persona utiliza ciertas palabras en cierta forma. Por ejemplo, el autor del libro de los salmos utiliza la frase "hijos de Dios" para referirse a los ángeles. Pero el autor de los primeros cinco libros de la Biblia utiliza la frase para referirse a seres humanos poderosos.

El apóstol Pablo enfatiza que somos salvos por la fe, aparte de las obras. Santiago escribe: **"Le fe sin obras es muerta."** ¿Se contradicen? Para nada. Hay que entender que Pablo está hablando de la idea de que un hombre haga ciertas obras para merecer la salvación. Pablo rechaza esa idea. Santiago está hablando de la idea de que uno pueda tener fe sin que esa fe afecte su vida. Está rechazando la idea de una fe intelectual que no se refleja en la vida de uno. Los dos afirman la misma cosa, pero utilizan distintas palabras para hacerlo.

Por eso ayuda ver todo lo que Pablo tiene para decir sobre cierto tema para entender lo que él dice en sus escritos. Lo mismo pasa con todos los autores bíblicos.

El contexto de la Biblia entera

Toda la Biblia es inspirada por Dios. Los libros tienen distintos autores humanos y reflejan esas diferencias. Pero el pensamiento detrás de lo escrito siempre proviene de la mente de Dios. Por eso, tenemos que estudiar cada pasaje a la luz de toda la revelación de Dios.

Cuando la Biblia habla de "ancianos," tenemos que ver todo el contexto de la Biblia para entender bien ese término. Por leer toda la Biblia, vemos que el concepto de ancianos viene del Antiguo Testamento, donde el término refería a los hombres de edad avanzada que aconsejaban al pueblo de Dios.

En el Nuevo Testamento, se toma prestada la palabra "ancianos" para referirse a un grupo reducido de hombres que dirigían las iglesias. El hecho de que el Nuevo Testamento suele hablar de nombrar o designar ancianos nos hace ver que el término no incluye a todos los hombres de edad avanzada.

También vemos que se utilizan ciertos sinónimos como "pastores," "supervisores," "obispos," que nos ayuda a ver más de lo que hacían. Algunos pasajes nos hacen ver que los pastores siempre tienen que ser hombres casados, con hijos, con vidas intachables.

Aprendemos todo eso y mucho más por ver el término en el contexto de toda la Biblia.

El contexto histórico

Hay un contexto que es más difícil de estudiar, pero que también tiene importancia. Tenemos que tener en cuenta que la Biblia fue escrita hace miles de años. Fue escrita por personas del Medio Oriente, casi todos judíos. No fue escrita en castellano sino en hebreo, arameo y griego. El estudio del contexto histórico es de mucho provecho en el estudio bíblico.

Por lo general, la mejor manera de realizar tal estudio es por medio de libros de referencia: comentarios, enciclopedias bíblicas, diccionarios bíblicos, Biblias de estudio, etc. Además, se pueden encontrar algunos de estos recursos en la Internet. A veces, podemos sacar provecho de otras fuentes, como los textos escolares de historia y otros escritos.

Un ejemplo es el tema de lavar los pies. En Juan 13, Jesús les lavó los pies a sus discípulos, diciendo que debemos hacer lo mismo. Si entendemos que lavar los pies en ese entonces era una práctica común de todos los días, no una ceremonia religiosa, veremos que Cristo quiere que busquemos formas de servirnos los unos a los otros, no que cumplamos con una práctica que ya no tiene el mismo significado.

No quiero asustarle a nadie; se puede estudiar la Biblia muy bien sin estos recursos. Solamente quiero hacerles ver que entender el contexto histórico de la Biblia nos puede ayudar mucho.

El principio del contexto tal vez sea el más importante de todos los principios que veremos en cuanto al estudio bíblico. Si aprendemos a poner las enseñanzas bíblicas en su contexto, estaremos preparados para toda una vida de aprendizaje en nuestro viaje con la Palabra de Dios.

Apuntes del capítulo 4

Apuntes del capítulo 4

Capítulo 5

Los géneros literarios

A mí me gusta leer el diario. Puedo recibir las noticias de otras fuentes, pero por alguna razón capto mejor la información cuando la veo escrita en papel.

Al leer el diario, es bueno saber cuál sección estamos leyendo. Leer de un asesinato significa una cosa si estoy leyendo las noticias del día y otra si estoy leyendo la cartelera del cine. Leer de un ascenso significa una cosa en la página de negocios y otra si estoy viendo la sección deportiva.

De la misma manera, reconocer el género literario de los textos bíblicos me ayuda en el estudio. Por ejemplo, en Jueces 4, tenemos el relato de una batalla que ocurrió en tiempos antiguos:

> **"Barac bajó del monte Tabor con sus diez mil soldados, y el Señor sembró el pánico entre los**

carros y los soldados de Sísara en el momento de enfrentarse con la espada de Barac; hasta el mismo Sísara se bajó de su carro y huyó a pie. Mientras tanto, Barac persiguió a los soldados y los carros hasta Haróset-goím. Aquel día no quedó con vida ni un solo soldado del ejército de Sísara: todos murieron." (Jueces 4:14–16)

En el siguiente capítulo, tenemos una descripción poética de la misma batalla. En una parte dice: **"Desde el cielo, desde sus órbitas, las estrellas lucharon contra Sísara"** (Jueces 5:20) ¿Las estrellas lucharon contra Sísara? ¿En serio? Sí, pero en forma simbólica. Si las estrellas se hubieran acercado a la tierra, el planeta entero se hubiera quemado. Entendemos que esta expresión figurativa expresa la magnitud de la victoria.

¿Cuál relato presenta la historia verdadera? Los dos, pero uno utiliza narrativa mientras el otro utiliza poesía. El segundo relato habla de terremotos, inundaciones, y movimientos astrales; nada de eso es literal, pero cuenta una historia real.

Entonces, al leer la Biblia, necesitamos poder reconocer la diferencia entre narrativa y código legal, entre proverbios y parábolas. Cada género literario se lee en una forma diferente.

Algunos comentarios sobre los géneros literarios en la Biblia:

- **La narrativa bíblica tiene un propósito.** Las historias presentadas en la Biblia no están solamente para entretenernos ni informarnos. Suelen ser ejemplo de algo, sea ejemplo positivo o negativo. Nos enseñan acerca de la forma en que Dios ha tratado con su pueblo en el pasado y cómo el pueblo respondió.

- **El código legal en la Biblia no representa leyes para la iglesia cristiana.** Al leer de leyes dietéticas, diezmos, normas de pureza, y ritos religiosos, tenemos que recordar que todo eso era para la nación de Israel, no para la iglesia. Debemos notar también que no hay nada en el Nuevo Testamento que utilice el estilo de los libros de la Ley del Antiguo Testamento. Dios utilizó otras formas para comunicar su voluntad a la iglesia, en vez de leyes expresadas en mandamientos y ordenanzas.

- **La tercera parte de la Biblia es poesía.** En general, estos poemas presentan una progresión de ideas o una serie de emociones. Suelen tener un tema central que une a todas las partes, sea un sentimiento, un concepto, o una situación. La poesía hebrea utilizaba el paralelismo de ideas. Por ejemplo, a veces se dice la misma cosa de dos formas:

  > **"Él es quien perdona todas mis maldades, quien sana todas mis enfermedades."** (Salmos 103:3)

  Estas dos lineas presentan la misma idea con distintas palabras. Reconocer eso nos ayuda ver que "enfermedades" y "maldades" representan la misma cosa en esta versículo. Otras veces, vemos un contraste de ideas:

  > **"El Señor cuida el camino de los justos, pero el camino de los malos lleva al desastre."** (Salmos 1:6)

El autor contrasta la forma en que Dios ayuda al justo pero permite que el malo se auto-destruye.

- **La literatura sapiencial nos muestra la sabiduría humana a la luz de la revelación divina.** Por ejemplo, la mayor parte del libro de Job consiste de declaraciones hechas por Job y sus amigos. Al final del libro, ¡Dios dice que estaban equivocados en lo que dijeron acerca de Él! Eso nos dice que el libro de Job nos presenta muchas ideas humanas.

Muchas expresiones en el libro de Eclesiastés revelan un punto de visto humano. Por ejemplo: **"Al fin y al cabo, a todos les espera lo mismo: al justo y al injusto, al bueno y al malo, al puro y al impuro, al que ofrece sacrificios y al que no los ofrece; lo mismo al bueno que al pecador, al que hace juramentos y al que no los hace."** (Eclesiastés 9:2)

Desde el punto de vista del mundo, el final del justo y el injusto son iguales. Pero sabemos que no es así... y el mismo libro de Eclesiastés lo aclara en otra parte del libro.

Al leer la literatura sapiencial, tenemos que comparar lo que leemos con el resto de la Biblia para diferenciar entre lo que es una expresión humana y lo que es enseñanza divina.

- **La profecía bíblica no siempre habla del futuro.** Los profetas en la Biblia eran los voceros de Dios. Mucho de lo que dijeron iba dirigido directamente a una situación que existía en ese momento. Muchas veces queremos leer las profecías bíblicas como si hablaran de nosotros y de nuestro futuro. Tenemos que reconocer que el interés principal de los profetas era el pueblo de aquel entonces.

• **Los evangelios son libros didácticos, escritos para el uso de la iglesia.** Estos libros no nos cuentan todo lo que Jesús hizo y enseñó; Juan nos dice: **"Jesús hizo muchas otras cosas; tantas que, si se escribieran una por una, creo que en todo el mundo no cabrían los libros que podrían escribirse."** (Juan 21:25) Estos autores seleccionaron del material disponible para presentar lo que era más útil para la iglesia primitiva. Al leer cada parte de los evangelios, debemos preguntarnos: ¿Por qué querían que supiéramos esto?

• **Las parábolas son historias especiales que utilizan situaciones normales para enseñar verdades religiosas.** Al leer una parábola, debemos tratar de identificar el punto principal. No debemos tratar de encontrar simbolismo especial en cada elemento de la historia. Las parábolas son más como chistes, donde el significado viene del final y no de cada detalle.

• **Al leer las cartas del Nuevo Testamento, necesitamos reconocer la situación que provocó la composición de la carta.** Si podemos identificar el motivo de la carta, podremos entender mejor sus enseñanzas. En vez de leer versículo por versículo, necesitamos pensar en párrafos y secciones, ideas principales y argumentos centrales.

• **La literatura apocalíptica, como el libro de Apocalipsis, no debe leerse en forma literal.** Hasta los números suelen representar algo: siete simboliza algo perfecto o completo; doce refiere al pueblo de Dios; mil habla de algo incontable. Debemos recordar que las visiones no se presentan en orden cronológico; lo que ocurre en el capítulo 12 no siempre viene después de lo que leemos en el capítulo 11.

No debemos olvidarnos que los libros apocalípticos comunicaban algo a los lectores originales. No hablan de situaciones modernas o eventos que ellos no podrían comprender.

Uno puede leer la Biblia con provecho sin conocer toda esta información acerca de los géneros. Pero entender las distintas formas utilizadas en la Biblia nos ayuda saber cuándo debemos hacer exactamente lo que dice y cuándo lo que estamos viendo es un principio general.

Apuntes del capítulo 5

Apuntes del capítulo 5

Capítulo 6

La historia bíblica

La Biblia se escribió en el contexto de la historia del pueblo de Dios, personas reales que forman parte de la historia mundial. Si conocemos la historia bíblica, nos es más fácil entender lo que leemos. Vamos a resumir la historia relatada en la Biblia.

La creación y la caída

La historia bíblica empieza en el principio, en el principio de todo. Nos dice que Dios creó los cielos y la tierra, que formó a todos los seres vivientes, sean animales, sean seres humanos. Dios creó al hombre Adán y luego a la mujer, Eva. Los puso en un huerto, cerca de Edén, en lo que hoy sería Irak. Ellos tenían todo lo que necesitaban; la única restricción era que no podían comer del árbol del conocimiento del bien y del mal.

Satanás, el gran acusador, el diablo, estuvo presente

también. Se le acercó a la mujer y le dijo que no debería creer lo que Dios decía acerca de ese árbol prohibido. La mujer se convenció y comió del fruto prohibido. Persuadió a Adán a hacer lo mismo. De esa forma el pecado entró en el mundo y con el, la muerte.

El resto de la Biblia relata cómo Dios obraba para deshacer los efectos de esa desobediencia. Terminó enviando su Hijo para que muriera para pagar el precio para que el hombre no tenga que morir por el pecado.

El diluvio

Lamentablemente, la humanidad, o la gran parte de ella, decidió seguir el camino del pecado en vez del camino de Dios. Todo iba de mal en peor hasta que Dios decidió hacer un cambio grande.

Dios escogió a un hombre piadoso, Noé, para que él y su familia se salvaran, mientras Dios destruiría el resto de la humanidad. Siguiendo las instrucciones de Dios, Noé construyó un arca, un barco enorme. Tomó ejemplares de cada especie de animal y los llevó al arca.

Cuando todos estaban adentro, Dios envió un gran diluvio sobre toda la tierra. Por más de un año, Noé, su familia y todos los animales vivían dentro del arca. Al final, pudieron salir y volver a llenar toda la tierra con vida.

Los patriarcas

Años después, Dios escogió a un hombre para bendecirlo a él y, por medio de él, a todo el mundo. Ese hombre se llamaba Abraham. Dios prometió a Abraham que su descendencia sería una gran nación, que tendrían una tierra propia y que por medio de su familia todas las familias del mundo recibirían una bendición.

La Biblia relata la historia de Abraham, de Isaac su hijo, y de Jacob, el hijo de Isaac. El nombre de Jacob fue cambiado a Israel, y los descendientes de Israel formaron la nación que era el pueblo de Dios. La nación judía proviene de Jacob o Israel.

Durante la vida de Jacob, faltó comida en la tierra donde vivían él y su familia, así que tuvieron que trasladarse a Egipto, donde había comida. Por más de 400 años, los israelitas vivieron en Egipto, hasta que Dios levantó a Moisés, un líder para llevarlos de nuevo a su tierra.

Moisés y La Ley

La familia de Abraham tuvo que irse a Egipto para salvarse de esa gran escasez de comida. Vivieron ahí por más de 400 años. En esos años, de a poco llegaron a ser esclavos de los egipcios. Los egipcios los maltrataron al punto de comenzar a matar a todos los varones israelitas.

Dios salvó a su pueblo por medio de un hombre llamado Moisés. Moisés fue adoptado por la hija del faraón, se crió en el palacio real, pero eventualmente volvió a su pueblo. Fue exiliado por haber matado a un egipcio que golpeaba a un israelita. Moisés tenía 80 años cuando Dios lo llamó para que volviera a Egipto para salvar a su pueblo. Dios hizo grandes maravillas, enviando diez plagas sobre los egipcios hasta que ellos aceptaran dejar salir a los israelitas. Cuando los egipcios persiguieron a los israelitas, Dios abrió el mar para darles escape a los israelitas, cerrándolo para destruir a los egipcios que intentaron seguirlos. De esa forma, Dios mostró su gran poder y su elección del pueblo de Israel como pueblo suyo.

Pero recordamos a Moisés por otra razón. Moisés fue el hombre por medio de quien Dios comunicó su Ley. Moisés recibió las tablas en que estaban escritas Los Diez Mandamientos. También recibió el resto de la Ley de Dios para su pueblo. Dios les dio leyes sobre la religión, pero también les dio leyes sobre la vida diaria. Más de 600 leyes en total.

Dios les dio estas leyes para que su pueblo pudiera vivir en una relación estrecha con El. También les dio estas leyes para prepararles para la venida de Cristo. La Ley Antigua nos muestra lo que es el pecado y nos prepara para vivir bajo la gracia de Dios. Aunque podemos aprender mucho por estudiar la Ley Antigua, esa ley fue dada a los israelitas y no a nosotros. Vivimos bajo la ley de Cristo, no la ley de Moisés. Vivimos bajo la gracia, no la ley.

El desierto

Moisés guió al pueblo de Dios cuando salieron de Egipto. Los llevó hasta la entrada de la Tierra Prometida, pero ellos no tuvieron la fe suficiente como para entrar. Como castigo, Dios los hizo vagar por el desierto por 40 años.

Cuando un padre disciplina a su hijo, lo hace con el propósito de educarle. No deja de amarlo ni de proveer por él. Dios no abandonó a su pueblo durante esos años. En 40 años su ropa no se gastó. Ni se les hincharon los pies. Dios les dio agua, pan y carne durante esos años. Les protejo de sus enemigos y de los animales salvajes. Los guió por caminos seguros.

Los israelitas recordaron esos años como años de educación, cuando ellos aprendieron a confiar en Dios. Aprendieron a temerle y obedecerle.

La conquista

Habiendo fallecido Moisés, Josué llega a ser líder del pueblo de Dios. Es él quien guía al pueblo durante la conquista de la tierra de Canaán.

Pero el líder supremo sigue siendo Dios. Es el que tira abajo los muros de la ciudad de Jericó para que el pueblo de Israel pueda conquistar esa gran ciudad. Es el quien ayuda a los israelitas en batalla tras batalla mientras conquistan la tierra.

Más que una victoria militar, la conquista de la tierra fue un don divino. Una vez más, el pueblo de Dios aprendió a depender de El.

Los jueces y los primeros reyes

En los primeros siglos en que el pueblo de Dios vivió en la tierra de Canaán, no había rey sobre la nación. Es decir, no hubo rey humano, pues Dios mismo era rey de ellos.

Sin embargo, como no podían ver a Dios, muy pronto se olvidaron de él. Consideraban que no tenían rey, en vez de reconocer a Dios como su rey. Cayeron en un ciclo religioso: se apartaban de Dios, Dios dejaba que algún enemigo los oprimiera, la gente clamaba a Dios, Dios les enviaba un caudillo, un juez, para rescatarlos. Luego se apartaban de nuevo y el ciclo continuaba.

El último juez era un profeta llamado Samuel. El guiaba a la nación por muchos años. Cuando ya era viejo, la gente tenía miedo en cuanto a lo que pasaría después de su muerte. Pidieron que Samuel nombrara un rey.

Evidentemente Samuel tomó ese pedido como un rechazo personal, pero Dios le dijo que la gente no rechazaba a Samuel sino a Dios mismo. Dios quería ser rey de su pueblo, quería que la gente siguiera su guía, pero la gente quería tener un líder humano.

Por primer rey, Dios escogió a Saúl. Saúl era exactamente lo que los hombres buscan en un líder; era alto y buen mozo, con fuerza física y fuerza de espíritu. Pero su corazón pronto se apartó de Dios. Se llenó de orgullo y desobedecía a Dios.

Dios hizo que Samuel nombrara a David como sucesor de Saúl. David era hombre humilde, el más joven de ocho hermanos. Trabajaba como pastor de ovejas. Como dijo Dios, era un hombre conforme al corazón de Dios. Buscó a Dios durante toda su vida, aunque cometió unos errores terribles. Bajo el reinado de David y de su hijo Salomón, el reino de Israel alcanzó su mayor grandeza. Salomón llegó a construir el templo, la gran casa de Dios que reemplazó al tabernáculo.

El reino dividido, el exilio y el retorno

Saúl, David y Salomón eran los únicos tres que reinaron sobre el reino unido de Israel. El pueblo se rebeló en contra del hijo de Salomón, y el país se dividió en dos.

De las doce tribus de Israel, diez se separaron y formaron la nación de Israel, que estaba en el norte. Solamente dos se quedaron en el sur, donde estaba el templo. Su país se llamaba Judá.

La nación de Israel se apartó de Dios y nunca volvió.

Como el templo estaba en el sur, a los reyes no les convenía que la gente fuera hasta ahí para adorar. Los reyes del norte establecieron a otros dioses como los dioses de su reino, y el país sufrió las consecuencias. Eventualmente fue conquistado por Asiria, y nunca volvió del exilio.

En cambio, muchos de los reyes del sur siguieron a Dios. Pero la idolatría siempre atraía a la gente. Ellos se apartaban de Dios y eventualmente Judá también fue conquistado, esta vez por los babilonios.

Por 70 años, los judíos vivían en exilio. Cuando los persas derrotaron a los babilonios, se les permitió a los judíos volver a su tierra.

Si Dios había prometido que su pueblo habitaría la tierra de Canaán, ¿cómo puede ser que ellos perdieron control de esa tierra? Nunca más volvieron a ocupar la totalidad de esa región. La promesa de Dios era parte de un pacto. El pacto requería que el pueblo de Dios sirviera a El y que cumplieran los términos del pacto, expresados en los estatutos de la Ley Antigua. El pueblo no fue fiel a Dios y perdieron su derecho a esa tierra. Años después Dios hizo un pacto nuevo con nosotros los cristianos, un pacto que reemplazó al antiguo.

Los judíos que sí volvieron del cautiverio formaban un grupo débil y vulnerable. Fueron dominados por las potencias de la región: Persia, Grecia y Roma. Pero volvieron con más devoción en la parte espiritual. La religión judía disfrutaba de una de sus mejores épocas cuando Cristo vino.

El último libro del Antiguo Testamento fue escrito unos 400 años antes de que se escribiera el primer libro del

Nuevo Testamento. 400 años de silencio, en que el pueblo de Dios esperaba oír de nuevo su voz. Llegó Juan el Bautista, proclamando la venida del Mesías, y la voz nunca volvió a callarse.

La vida de Jesús

La historia del Nuevo Testamento empieza con Juan, el que bautizaba. Vino predicando que el reino de Dios estaba cerca y que la gente necesitaba arrepentirse y bautizarse. Proclamaba la venida del Mesías, el que quitaría los pecados del mundo.

Ese Mesías, ese escogido de Dios, vino en la forma de un bebé, un bebé nacido de una virgen. Nació en un establo, en el lugar más humilde. Se llamaba Jesús. Cuando Jesús tenía como 30 años, fue a Juan para ser bautizado. Comenzó un ministerio de predicar y de hacer milagros.

Jesús escogió a doce hombres para ser sus apóstoles. Apóstol quiere decir enviado, y estos hombres serían enviados para anunciar las buenas noticias del reino de Dios.

La crucifixión y la resurrección

Jesús hizo muchos milagros y fue un gran maestro, pero eso no era lo más importante de su venida. Jesús dijo: **"Porque ni aun el Hijo del hombre vino para que le sirvan, sino para servir y dar su vida en rescate por una multitud."** (Marcos 10:45) El vino a este mundo con una misión, la misión de morir y morir en la cruz.

El imperio romano había buscado la forma ideal de ejecutar a condenados. Querían algo público y algo doloroso. Escogieron la crucifixión. En la crucifixión, clavaban un hombre a unas maderas. Lo dejaban colgar hasta morirse. Muchas veces le quitaban la ropa a la víctima para que la humillación fuera mayor.

Jesús aceptó morir de esa forma. Fue sepultado en una tumba prestada, porque no tenía recursos propios como para comprar nada. Sus enemigos pusieron guardia a la tumba para que nadie pudiera robar el cuerpo. Pero temprano en la mañana del tercer día, del domingo, vino un terremoto. Un ángel apareció a los guardias y ellos se desmayaron. Cuando se despertaron, Jesús ya no estaba.

Jesús apareció a sus discípulos, no en forma de espíritu, sino en su cuerpo resucitado. Vivió entre ellos por 40 días y luego ascendió al cielo a la vista de ellos. Se fue con la promesa de volver algún día. Cuando Jesús vuelva, tenemos que estar listos para recibirlo.

La iglesia del primer siglo

Mencionamos que Jesús estuvo cuarenta días con sus discípulos después de su resurrección, enseñándoles acerca del reino de Dios. Al final de esos días, ascendió al cielo, pero antes de irse, les dijo a sus discípulos que ellos le serían testigos en Jerusalén, Judea, Samaria y hasta los fines de la tierra. El libro de los Hechos nos relata cómo sucedió eso.

Los discípulos salieron como testigos de la resurrección de Jesucristo. Anunciaron las buenas noticias de la salvación en Jesús. Comenzaron en Jerusalén, el día de Pentecostés, diez días después de la ascensión. El Espíritu Santo vino sobre los apóstoles y ellos anunciaron la gran promesa de que todos los que se arrepintieron y se bautizaron en el nombre del Señor Jesucristo recibirían el perdón de los pecados y el don del Espíritu Santo.

Después de unos años surgió una persecución que los obligó a salir de Jerusalén. Al salir, fueron predicando por toda la región de Judea y de Samaria, tal como Jesús había dicho.

El líder de la persecución, un hombre llamado Saulo, llegó a ser cristiano, convirtiéndose en el apóstol Pablo. Fue Pablo quien salió a predicar al resto del imperio romano, anunciando el evangelio a todos.

El libro de los Hechos nos relata cómo Pablo llegó a Roma, la capital del imperio. De esa forma, el evangelio llegó a los fines de la tierra conocida, o sea, del imperio romano.

Los siglos después de la Biblia

La historia relatada termina con el final del libro de los Hechos, pero podemos ver un poco más de historia reflejada en las cartas. La iglesia siguió creciendo y expandiendo. Hacia el final del primer siglo, la iglesia estaba bien establecida en muchos lugares. El último libro de la Biblia, Apocalipsis, nos muestra una iglesia madura, pero todavía muy humana, con los problemas que siempre hubo y siempre habrá.

Podemos salir del texto de la Biblia y ver que la iglesia enfrentó mucha persecución en los primeros siglos. Muchos cristianos murieron por su fe. Unos 300 años después de Cristo, el emperador Constantino legalizó el cristianismo y puso fin a la persecución. Lamentablemente, esa paz vino con un precio alto, porque en muchos casos la iglesia llegó a modificar su doctrina para llevarse mejor con la sociedad.

La única respuesta para nosotros es volver a la Biblia, volver a la fuente original. Busquemos ahí la guía para nuestra fe y nuestra conducta como cristianos. Dejemos las tradiciones de los hombres y volvamos a la Palabra de Dios.

Apuntes del capítulo 6

Apuntes del capítulo 6

Capítulo 7

Los temas centrales de la Biblia

Hemos visto que la Biblia es una biblioteca sagrada compuesta de 66 libros. Hay libros de historia y poesía. Hay libros de profecía. Hay libros de proverbios y dichos de sabiduría.

Dentro de los libros, encontramos parábolas y poemas. Tenemos cantos y obras dramáticas. Hay visiones del futuro y relatos del pasado.

Pero todos estos libros y géneros literarios hablan de una historia central. Esa historia contiene varios temas principales. En nuestros estudios, siempre es conveniente estar buscando los hilos que atan cada pasaje a esa historia central y sus temas.

En este capítulo, queremos resumir algunos de los temas principales y ver cómo se presentan en las páginas de la Biblia.

Tema central: La promesa

La historia bíblica, como vimos en el capítulo anterior, comienza con la creación del mundo y la creación del primer hombre, Adán, y la primera mujer, Eva. Estos primeros seres humanos cayeron en pecado, y el resto de la Biblia habla de cómo la humanidad puede volver a tener la relación con Dios que existía al principio. La Biblia enfatiza que es Dios quien inicia la reconciliación.

La humanidad sigue un camino pecaminoso hasta que Dios trae un gran diluvio para destruir a todos menos la familia de Noé. Ellos se extendieron por la Tierra después del diluvio. Eventualmente Dios escogió a un hombre, Abraham, para que por medio de Abraham y sus descendientes Dios tuviera una relación con el mundo.

Dios llamó a Abraham para que dejara a su familia y a su tierra para ir a dónde Dios le dijera. Como Abraham respondió con fe, Dios le hizo una promesa, una promesa de bendecir a Abraham de la siguiente manera:

- Hacer famoso el nombre de Abraham.

- Hacer una gran nación con los descendientes de Abraham.

- Bendecir a todos los que bendijeran a Abraham y maldecir a todos lo que le maldijeran.

- Darles a los descendientes de Abraham la tierra de Canaán.

Esta promesa hecha a Abraham forma la base de la

nación de Israel y la base de las promesas del cristianismo. Por ejemplo, Pablo escribió a los gálatas: **"Pero ahora que ha llegado la fe, ya no estamos a cargo de ese esclavo que era la ley, pues por la fe en Cristo Jesús todos ustedes son hijos de Dios, ya que al unirse a Cristo en el bautismo, han quedado revestidos de Cristo. Ya no importa el ser judío o griego, esclavo o libre, hombre o mujer; porque unidos a Cristo Jesús, todos ustedes son uno solo. Y si son de Cristo, entonces son descendientes de Abraham y herederos de las promesas que Dios le hizo."** (Gálatas 3:25-29) Cuando leemos un texto bíblico, siempre es bueno preguntar qué relación tiene con la gran historia de las promesas de Dios.

Tema central: Los pactos

Los descendientes de Abraham fueron a vivir en Egipto, donde llegaron a ser esclavos. Dios los libertó de su esclavitud y les presentó un pacto, un tratado para que ellos pudieran vivir en relación con Dios.

Una parte importante de ese pacto eran los Diez Mandamientos, dados a los israelitas en el Monte Sinaí. El pacto requería que la gente viviera de acuerdo con las normas de Dios y que le adoraran a El y El solamente. Así podrían gozar de los beneficios de la promesa hecha a Abraham.

La presentación de los Diez Mandamientos en el libro de Exodo sigue la forma de los tratados de suzeranía de la antigüedad, establecidos entre una nación poderosa y un vasallo. El tratado solía nombrar las dos partes y establecer los hechos históricos que formaban la base del tratado. Luego vendría una lista de las condiciones bajo las cuales el estado menor podría mantener su soberanía bajo la protección del estado más fuerte. No era un tratado entre iguales. Era un pacto de sumisión de una autoridad a otra.

En el pacto entre Dios y su pueblo, Dios promete bendecir a su pueblo mientras ellos cumplen con los mandamientos establecidos.

Lamentablemente, la gente nunca lo hizo. Fueron infieles al pacto. Una gran parte del Antiguo Testamento relata como Dios llamaba a la gente a vivir de acuerdo con lo pactado.

Al final, Dios re-emplazó ese pacto con un pacto nuevo, un pacto mejor, el Nuevo Pacto basado en el sacrificio de Jesucristo. La carta a los Hebreos dice: **"Por eso, Jesucristo es mediador de una nueva alianza y un nuevo testamento, pues con su muerte libra a los hombres de los pecados cometidos bajo la primera alianza, y hace posible que los que Dios ha llamado reciban la herencia eterna que él les ha prometido."** (Hebreos 9:15)

La Biblia que Ud. tiene está dividido en dos partes: el Antiguo Testamento y el Nuevo Testamento. Estos nombres refieren a los dos pactos principales que tenemos en la Biblia: el antiguo pacto, el antiguo testamento, el acuerdo que hizo Dios con el pueblo de Israel cuando los sacó de Egipto y el nuevo pacto, el nuevo testamento que Cristo estableció con su propia sangre al morir en la cruz.

Tema central: El Mesías

Todo lo que Dios hacía con Su pueblo en el Antiguo Testamento tenía un solo fin: traer el Mesías al mundo.

Desde un principio Dios prometió que un descendiente de Adán y Eva aplastaría al gran serpiente, a Satanás. La promesa a Abraham era que por medio de un descendiente de él todas las familias de la tierra recibirían una bendición. David, el mayor de los reyes de Israel, recibió la promesa que un descendiente suyo reinaría por siempre. Y los profetas hablaban constantemente del Mesías que Dios traería.

Gran parte del Antiguo Testamento habla de la promesa de que el Cristo vendría, de que el Mesías vendría. Y el Nuevo Testamento contiene el cumplimiento de esa promesa. Es la realización del gran plan que Dios trazó antes de fundar el mundo. Todo lo que se hacía antes de Cristo apuntaba al Salvador que venía.

Desde antes de la creación del mundo, Dios tenía un plan, el plan de redimir al mundo por medio del sacrificio de su Hijo Jesús. En su primera carta, Pedro escribe: **"Pues Dios los ha rescatado a ustedes de la vida sin sentido que heredaron de sus antepasados; y ustedes saben muy bien que el costo de este rescate no se pagó con cosas corruptibles, como el oro o la plata, sino con la sangre preciosa de Cristo, que fue ofrecido en sacrificio como un cordero sin defecto ni mancha. Cristo había sido destinado para esto desde antes que el mundo fuera creado, pero en estos tiempos últimos ha aparecido para bien de ustedes."** (1 Pedro 1:18-20) Ese plan se llevó a cabo a la perfección cuando Cristo vino en el debido tiempo para ofrecer su vida en rescate por muchos. Por medio de él, tenemos la esperanza de vida eterna.

Los escritores del Nuevo Testamento se esfuerzan en

mostrar que Jesús era el Mesías prometido. Utilizan textos del Antiguo Testamento para mostrar que Dios cumplió su promesa mayor, que envió el Salvador al mundo. Los evangelios relatan la historia de ese Salvador, el libro de los Hechos muestra como siguió obrando en su iglesia, las epístolas nos enseñan acerca de su identidad y el libro de Apocalipsis nos muestra que él vive y participa en los eventos de este mundo. La Biblia habla del Mesías del principio al fin.

Tema central: El reino de Dios

Dios escogió a David, en el Antiguo Testamento, para ser rey sobre el pueblo de Dios. Y le hizo esta promesa: **"Y te hago saber que te daré descendientes, y que cuando tu vida llegue a su fin y mueras, yo estableceré a uno de tus descendientes y lo confirmaré en el reino."** (1 Crónicas 17:10–11) Luego le dijo, **"Y su trono quedará establecido para siempre."** (1 Crónicas 17:14)

Los profetas del Antiguo Testamento decían que el Mesías, el Cristo, establecería un reino, el reino de Dios. El profeta Daniel interpretó una visión para el rey Nabucodonosor en la cual Dios le reveló lo que pasaría en los próximos siglos. Cuando hablaba del tiempo de los romanos, Daniel dijo al rey: **"Durante el gobierno de estos reyes, el Dios del cielo establecerá un reino que jamás será destruido ni dominado por ninguna otra nación, sino que acabará por completo con todos los demás reinos, y durará para siempre."** (Daniel 2:44)

Cuando Cristo estuvo en la tierra, El predicaba el mensaje de que el reino estaba cerca. Prometió a sus apóstoles: **"Les** aseguro que algunos de los que están aquí presentes no morirán hasta que vean el reino de Dios llegar con poder." (Marcos 9:1) Cristo enseñó mucho sobre cómo sería el reino; era uno de sus temas principales.

El reino de Dios también se llama el reino de los cielos o el reino de Cristo. No es un reino terrenal, sino un reino espiritual. Vino con su rey, Jesucristo, y permanecerá para siempre. La manifestación actual del reino es la iglesia. Los que formamos parte de la iglesia hemos pasado del reino de la oscuridad al reino de Dios.

Pero la Biblia habla tranquilamente del reino en un sentido presente y un sentido futuro. Dice que los cristianos ya están en el reino. Pero, en Mateo 25, Cristo describe como los justos "recibirán el reino" en el día final. Pablo, en su primera carta a Timoteo, habló de entrar en el reino como algo futuro. Pedro hizo lo mismo en su segunda carta. En el Nuevo Testamento, hay una tensión constante entre el "ya" y el "todavía no." Ya somos salvos, pero estamos esperando nuestra salvación completa. Ya tenemos vida eterna, pero esperamos que la muerte desaparezca para siempre. Ya estamos en el reino de Dios, pero esperamos ver la plenitud de ese reino. Jesucristo es Señor de Señores, pero todavía no hemos visto todo sometido a sus pies.

La Biblia habla mucho del reino, sobre todo en el Nuevo Testamento. El último libro de la Biblia, el Apocalipsis, demuestra el gran triunfo del reino de Dios sobre las fuerzas del mal.

Tema central: El juicio final

El último aspecto del tema central del cual hablaremos es el fin: el último día, el gran final, la segunda venida de Jesucristo, el juicio y la recompensa de los justos.

El Antiguo Testamento no presenta una visión completa de la eternidad ni del juicio final. Pablo le dice a Timoteo: "**Esa bondad se ha mostrado gloriosamente ahora en Cristo Jesús nuestro Salvador, que destruyó el poder de la muerte y que, por el evangelio, sacó a la luz la vida inmortal.**" (2 Timoteo 1:10) Cristo sacó a la luz la vida inmortal. Antes de su venida, los hombres no tenían claro el concepto de lo que sería esa vida.

Cristo habló del juicio final en varias formas. Habló en varias ocasiones de separar los buenos de los malos, como en la parábola que contó en Mateo 25: "**Cuando el Hijo del hombre venga, rodeado de esplendor y de todos sus ángeles, se sentará en su trono glorioso. La gente de todas las naciones se reunirá delante de él, y él separará unos de otros, como el pastor separa las ovejas de las cabras.**" (Mateo 25:31–32)

Habla de resucitar a todos los muertos, premiando a los buenos y castigando a los malos. En Juan 5 dice: "**No se admiren de esto, porque va a llegar la hora en que todos los muertos oirán su voz y saldrán de las tumbas. Los que hicieron el bien, resucitarán para tener vida; pero los que hicieron el mal, resucitarán para ser condenados.**" (Juan 5:28–29)

También habla del castigo eterno, usando en varias ocasiones la metáfora de Gehena, el valle de Hinom donde incineraban la basura de la ciudad de Jerusalén. En las traducciones en español, suele usarse la traducción "infierno" en vez de Gehena.

Los autores de las cartas del Nuevo Testamento hablan del juicio final y el libro de Apocalipsis presenta una visión gráfica de cómo será el castigo. Apocalipsis habla también de la Nueva Jerusalén, la ciudad donde morarán los redimidos.

La Biblia utiliza el prospecto del día final para exhortarnos a vivir mejor. Justamente porque esta vida no es la única, debemos vivir mejor que nadie. Somos ciudadanos de los cielos, embajadores de Dios, representantes del reino de los cielos. Nosotros vivimos esperando la venida de nuestro Señor y Dios Jesucristo.

Apuntes del capítulo 7

Apuntes del capítulo 7

Capítulo 8

Hacedores de la Palabra

"Pero no basta con oír el mensaje; hay que ponerlo en práctica, pues de lo contrario se estarían engañando ustedes mismos. El que solamente oye el mensaje, y no lo practica, es como el hombre que se mira la cara en un espejo: se ve a sí mismo, pero en cuanto da la vuelta se olvida de cómo es. Pero el que no olvida lo que oye, sino que se fija atentamente en la ley perfecta de la libertad, y permanece firme cumpliendo lo que ella manda, será feliz en lo que hace." (Santiago 1:22-25)

Cuando leemos la Biblia, debemos estar buscando algo para cambiar, sea una actitud o una acción. Eso se llama "aplicación". Si no aplicamos la Biblia a nuestras vidas, nunca sacaremos provecho de nuestra lectura.

Hay tres preguntas esenciales que se pueden hacer de todo pasaje bíblico. Aprendí a usar estas tres preguntas como la base de mi estudio. Las preguntas son estas:

¿Qué dice?
¿Qué significa?
¿Qué importa?

Al leer y estudiar un pasaje bíblico, debemos hacernos estas preguntas. Queremos estar seguros de que sabemos lo que la Biblia dice. Luego queremos descubrir el significado. Y por último, queremos ver cómo aplicar ese mensaje a nuestras vidas.

¿Qué dice?

Tal vez creas que saber lo que la Biblia dice es una cosa obvia. Y muchas veces, es cosa sencilla determinar lo que dice. Pero a veces nos apuramos demasiado, queriendo llegar a la interpretación de un pasaje, y no tomamos el tiempo para aclarar lo que dice el texto.

Unas sugerencias:

- **Lea el texto varias veces.** Si solamente leemos una vez, podemos pasar por alto algún detalle. Muchas veces encontramos lo que esperamos encontrar en vez de identificar con certeza lo que el text dice.

- **Lea el texto en voz alta (si está a solas).** La Biblia, en su mayoría, fue escrita para leerse en voz alta. Oír la Palabra de Dios aumenta el entendimiento.

- **Lea en más de una versión.** La Internet nos facilita esto; sitios como BibleGateway.com proveen numerosas versiones de la Biblia que pueden leerse en linea. O tal vez tenga Ud. una Biblia electrónica en su teléfono. Cuando los eruditos traducen la Biblia, tienen que tomar ciertas decisiones; nos es provechoso comparar las decisiones tomadas por distintos comités de traducción.

- **Asegúrese de conocer las palabras utilizadas.** Utilice un diccionario o un diccionario bíblico. En varias ocasiones he encontrado que lo que yo entendía una palabra de una forma cuando la definición era otra.

- **Tome el tiempo para estar seguro que sabe lo que dice el texto.** No se apure. Vale la pena leerlo bien.

Al estudiar un pasaje más a fondo, el primer paso es asegurarse de saber lo que dice.

¿Qué quiere decir?

Saber lo que significa un pasaje no es lo mismo que saber lo que dice. Este paso se llama interpretación. Por alguna razón, algunos cristianos sienten la necesidad de afirmar que no interpretamos la Biblia, que solamente la comprendemos. Pero es imposible comprender sin interpretar.

Por ejemplo, piense en un pasaje sencillo como **"Orar sin cesar"** (1 Tesalonicenses 5:17). Es fácil determinar lo que dice. Pero si seguimos esas instrucciones literalmente, no podremos hacer las cosas que normalmente hacemos. ¡Solamente oraremos! Tenemos que interpretar este pasaje para entender bien su significado.

Eso no quiere decir que leemos la Biblia buscando códigos secretos y mensajes ocultos. Quiere decir que tomamos el tiempo para determinar lo que quiere decir un texto.

Algunas sugerencias:

- **Respete el contexto.** Hay un dicho que afirma: "Un texto sin contexto se convierte en pretexto." Eso quiere decir que podemos hacer lo que Biblia enseña lo que sea si no respetamos el contexto.

- **Piense en los lectores originales.** El texto fue escrito para el entendimiento de la gente que lo recibió. Si la interpretación que Ud. propone requiere conocimiento que ellos no tenían, no ha captado el significado correcto del texto.

- **Busque palabras y frases que se repiten.** La repetición suele indicar la importancia. Un autor repite algo para enfatizarlo.

- **Observe palabras claves como "entonces", "por lo tanto", "porque", "pues."** Estas palabras suelen señalar ideas importantes que están presentes en el texto.

- **Busque comparaciones, contrastes, y expresiones de causa y efecto.** Hacer esto nos ayuda comprender cómo desarrolla su argumento el autor.

- **Identifique el tema central de un pasaje antes de interpretar frases o versículos particulares.** Si uno no reconoce que 1 Tesalonicenses 5:22 está hablando de profecías en la iglesia, puede malinterpretar la instrucción: **"Apártense de toda clase de mal."**

En algunos casos, el proceso de entender el significado de un texto es bastante sencillo. En otros casos, nos llevará días o semanas de estudio.

¿Qué importa?

La Biblia fue escrita para enseñarnos cómo vivir. Si la Biblia no nos lleva a hacer algo que no hacíamos antes, no estamos leyéndola bien. A veces la aplicación es conocer mejor un punto de doctrina o tener más comunión con Dios. Pero debemos esperar encontrar algo práctico para usar en nuestras vidas. Si no, como dice Santiago, estamos mirando el espejo sin recordar lo que vemos.

Aquí presento unas preguntas útiles para saber aplicar la Biblia:

- ¿Cómo me afecta esta enseñanza en lo personal?

- ¿Veo en este pasaje un pecado que debo dejar? ¿O un hábito que debo adquirir?

- ¿Encuentro un ejemplo que debo seguir?

- ¿Cómo puedo responder? ¿Lo haré?

- ¿Cómo puedo ser buen ejemplo para otros?

- ¿Cómo puedo enseñar estas verdades a otros?

Debemos leer la Biblia. Estudiar la Biblia. Y ponerla en práctica.

Apuntes del capítulo 8

Apuntes del capítulo 8

Capítulo 9

Reconocer lo más importante

Hay cosas en la Biblia que son más importantes que otras. Toda la Biblia es importante, pero hay partes que tienen más peso. Por ejemplo, la genealogía que encontramos en Génesis 10 no tiene la misma importancia que las promesas que Dios hace a Abraham en el capítulo 12. Es bueno saber que **"Arfaxad engendró a Sala, y Sala engendró a Heber."** (Génesis 10:4), pero es más importante saber que Dios le dijo a Abraham: **"por medio de ti bendeciré a todas las familias del mundo"** (Génesis 12:3).

Jesucristo habló de **"las enseñanzas más importantes de la ley"** (Mateo 23:23) y los mandamientos más importantes (Marcos 12:29-31). Pablo dijo que ciertas enseñanzas ocupaban el primer lugar (1 Corintios 15:3).

Nuestra tarea es saber diferenciar entre las cosas más importantes y las que tienen menos importancia.

A veces es obvio

Hay oportunidades en que la Biblia identifica directamente que ciertas cosas tienen importancia especial, como cuando Jesús habló de las enseñanzas más importantes de la ley o de los mandamientos más importantes.

Vemos otros ejemplos, como este pasaje de Oseas:

"Lo que quiero de ustedes es que me amen, y no que me hagan sacrificios; que me reconozcan como Dios, y no que me ofrezcan holocaustos." (Oseas 6:6)

Dios había mandado que su pueblo ofreciera sacrificios y holocaustos, pero su relación con Él era más importante. Vemos algo parecido en Miqueas:

"¿Con qué me presentaré a adorar al Señor, Dios de las alturas? ¿Me presentaré ante él con becerros de un año, para ofrecérselos en holocausto? ¿Se alegrará el Señor, si le ofrezco mil carneros o diez mil ríos de aceite? ¿O si le ofrezco a mi hijo mayor en pago de mi rebelión y mi pecado? El Señor ya te ha dicho, oh hombre, en qué consiste lo bueno y qué es lo que él espera de ti: que hagas justicia, que seas fiel y leal y que obedezcas humildemente a tu Dios." (Miqueas 6:6–8)

Miqueas enfatiza que Dios valúa la justicia y la fidelidad más que los sacrificios y ofrendas. Al leer la Biblia, debemos buscar textos que hablan de prioridad o importancia relativa.

Dígalo otra vez

La Biblia suele repetir las enseñanzas más importantes. Debemos buscar las cosas presentadas más de una vez.

Al leer los evangelios, fíjese en las enseñanzas que aparecen en más de un evangelio. Si un evento o un dicho aparece en los cuatro evangelios, debe tener importancia especial.

Si Cristo enseñó algo y lo repitió Pablo u otro autor, eso es señal que debe ser una prioridad. Si la enseñanza fue presentada en varias ocasiones ante distintos grupos de oyentes (sobre todo si eran de distintas culturas), es probable que estemos viendo algo de mayor peso.

Estas son señales; no son reglas. Sin embargo, no me gusta enfatizar una doctrina que aparece una sola vez en la Biblia. ¡Y no me gusta enseñar nada que no se mencione ni una vez! La Biblia nos enseña lo más importante y suele repetir las cosas de mayor importancia.

En Éxodo 34, Dios da una descripción de sí mismo. Dice:

"El Señor! ¡El Señor! ¡Dios tierno y compasivo, paciente y grande en amor y verdad! Por mil generaciones se mantiene fiel en su amor y perdona la maldad, la rebeldía y el pecado; pero no deja sin castigo al culpable, sino que castiga la maldad de los padres en los hijos y en los nietos, en los bisnietos y en los tataranietos."
(Éxodo 34:6–7)

El Antiguo Testamento hace referencia a este pasaje unas cuantas veces: Números 14:18; Nehemías 9:17; Salmo 86:15;

103:8; 145:8; Joel 2:13; Jonás 4:2; Nahum 1:3. Al ver la cantidad de veces que otros autores repiten estas palabras, nos damos cuenta de la importancia que tienen.

Entonces, vemos que la repetición nos puede indicar la importancia relativa de una enseñanza.

Relación con la salvación

Yo no creo en la salvación por mérito. La salvación es un don gratuito que recibimos de Dios. Sin embargo, hay cosas que la Biblia conecta directamente con la salvación.

Cuando estudiamos los pasajes que hablan de la salvación (o la condenación), vemos unas cuantas cosas importantes: entregar nuestras vidas, creer, ser bautizado, arrepentirnos, invocar el nombre del Señor, confesar, amarnos mutuamente... estas son cosas de mayor peso.

Si la Biblia dice que me salvaré por obedecer cierta enseñanza, lo quiero hacer. Si me dice que me perderé por no obedecer, quiero obedecer. La tercera señal que demuestra la importancia de ciertas enseñanzas es su relación directa con la salvación.

El evangelio

Al ver las cosas de mayor importancia, nos fijamos naturalmente en lo que Pablo escribió a los corintios:

> **"En primer lugar les he enseñado la misma tradición que yo recibí, a saber, que Cristo murió por nuestros pecados, según las Escrituras; que lo sepultaron y que resucitó al tercer día, también según las Escrituras..."** (1 Corintios 15:3–4)

Las cosas relacionadas con las buenas nuevas de Cristo son de mayor importancia.

Por eso enfatizo la Cena del Señor. Tiene un lugar central en nuestra adoración por su conexión con el sacrificio de Cristo. Cuando participamos de la Cena del Señor, recordamos el pacto nuevo que se estableció por medio de la crucifixión de Cristo.

Otra enseñanza obvia es el bautismo. Sabemos que es una enseñanza importante por las veces que la Biblia lo menciona y por su conexión con la salvación. Pero al ver su identificación con el sacrificio de Cristo, no podemos negar su centralidad. Al estudiar cuáles son los temas principales de la Biblia, creo aun más fuertemente que el bautismo cristiano tiene que enseñarse como parte de nuestra respuesta a Dios.

Hay otras enseñanzas relacionadas con la cruz. Pablo conecta la unidad y el servicio con la cruz. La humildad. El arrepentimiento. Vivimos vidas transformadas por causa de la cruz.

Entonces, vemos que otra forma de identificar las enseñanzas centrales es ver su conexión con el sacrificio redentor deJesucristo.

Colar mosquitos y tragar camellos

Cristo dijo a los escribas y los fariseos:

> "¡Ay de ustedes, maestros de la ley y fariseos, hipócritas!, que separan para Dios la décima parte de la menta, del anís y del comino, pero no hacen caso de las enseñanzas más importantes

de la ley, que son la justicia, la misericordia y
la fidelidad. Esto es lo que deben hacer, sin
dejar de hacer lo otro. ¡Ustedes, guías ciegos,
cuelan el mosquito, pero se tragan el camello!"
(Mateo 23:23–24)

Las cosas relacionadas con las buenas nuevas de Cristo son
de mayor importancia.

Apuntes del capítulo 9

Apuntes del capítulo 9

Capítulo 10

El propósito del estudio bíblico

A mí me gusta aprender. Me gusta leer. Me gusta estudiar. Para mí, es fascinante aprender algo nuevo acerca de la Biblia.

Pero no quiero estudiar la Biblia como si fuera un texto académico. No quiero llegar a ser un erudito bíblico para jactarme de mi conocimiento.

Quiero estudiar la Biblia para conocer a Dios.

En su evangelio, el apóstol Juan escribió: **"Jesús hizo muchas otras señales milagrosas delante de sus discípulos, las cuales no están escritas en este libro. Pero estas se han escrito para que ustedes crean que Jesús es el Mesías, el Hijo de Dios, y para que creyendo tengan vida por medio de él."** (Juan 20:30–31)

Vida. Vida en Cristo. Vida por tener fe en Cristo. Eso es lo que yo quiero.

Juan escribió también: **"Y la vida eterna consiste en que te conozcan a ti, el único Dios verdadero, y a Jesucristo, a quien tú enviaste."** (Juan 17:3)

Yo quiero conocer a Dios y a Cristo. Quiero conocerlos por medio de la Palabra de Dios, las Sagradas Escrituras. Yo leo y estudio para conocerlos a ellos.

Quiero saber cómo tener una relación eterna con ellos. Para hacerlo, busco en la Biblia. Un lugar dónde encuentro una buena explicación es el capítulo 2 de Hechos.

Fue la primera vez que un seguidor de Cristo predicó las buenas nuevas. La primera vez que la gente escuchó el mensaje de la salvación. Antes de dejar la tierra, Cristo dio unas instrucciones finales a Sus discípulos:

> **"Vayan, pues, a las gentes de todas las naciones, y háganlas mis discípulos; bautícenlas en el nombre del Padre, del Hijo y del Espíritu Santo, y enséñenles a obedecer todo lo que les he mandado a ustedes."** (Mateo 28:19–20)

Una semana después, el apóstol Pedro cumplió con ese mandamiento, en un sermón que encontramos en el capítulo 2 del libro de los Hechos.

¿Qué dijo Pedro a la gente? ¿Como nos hacemos seguidores de Cristo? ¿Cómo recibimos la vida eterna? ¿Qué dijo Pedro cuando predicó por primera vez las buenas nuevas de Cristo?

Por lo que vemos en Hechos 2:22-39, esto es lo que debemos hacer:

- **Creer unos hechos acerca de Jesús.** Tenemos que creer que vino a la tierra como hombre, un hombre que hacía milagros por el poder de Dios. Tenemos que creer que murió en la cruz, fue sepultada, pero salió de la tumba el tercer día. Estos hechos básicos son el corazón del evangelio de Cristo, de las buenas nuevas de la salvación.

- **Reconocer a Jesús como Señor y Cristo.** Señor quiere decir amo o dueño. Si Jesús es mi Señor, es Él que manda. Tiene toda autoridad. Cuando Él habla, nosotros obedecemos. Para recibir la salvación, tenemos que renunciar a todo lo que no está bajo Su Señorío. Cristo quiere decir ungido; Jesús es el escogido por Dios, el designado para ser Salvador. Reconocer a Jesús como Cristo es reconocer que Él es nuestra única esperanza de recibir la salvación.

- **Arrepentirse.** Quiere decir dar la vuelta, pegar un giro de 180 grados. Es cambiar el rumbo de su vida. Es un cambio de mente que produce un cambio de vida. En vez de vivir agradando a nosotros mismos o a los que nos rodean, comenzamos a vivir buscando agradar a Dios. Cuando nos entregamos a Dios, nos da una vida nueva. No tiene sentido hacer lo mismo con la vida nueva que hicimos con la vieja; por eso necesitamos arrepentirnos y orientar nuestras vidas hacia Dios.

- **Bautizarse.** Ser bautizado es sumergirse en agua. Es un entierro, un sepulcro simbólico de la vida vieja.

Nos sepultamos en agua para ser resucitados con una vida nueva. A esta sepultura y resurrección la Biblia lo llama nacer de nuevo. Pedro promete dos cosas a los que son bautizados: (1) el perdón de los pecados; y (2) el Espíritu Santo. Los errores del pasado son perdonados y borrados; Dios mismo viene para vivir dentro del creyente.

¿Cómo respondió la gente a este primer sermón?

- **Admitieron que necesitaban la salvación (Hechos 2:37).** Si no admitimos que necesitamos la ayuda de Dios ¿cómo puede ayudarnos? Tenemos que acercarnos a El, confesando que no somos perfectos y necesitamos un Salvador.

- **Se bautizaron (Hechos 2:41).** Unas tres mil personas se bautizaron aquel día. No podemos ver sus corazones, pero este hecho demuestra que habían puesto su fe en Cristo. Se entregaron a Cristo, y la Biblia dice que fueron agregados al número de los salvos.

- **Vivieron una vida de fe (Hechos 2:42-47).** Cambiaron sus vidas. Se enfocaban en cuatro cosas:

    i) *La enseñanza de los apóstoles.* Como no tenían la Palabra de Dios en forma escrita, aprendieron directamente de los apóstoles. Hoy en día, recibimos la misma enseñanza por estudiar la Biblia;

    ii) *La comunión.* Se dedicaron los unos a los otros, compartiendo sus bienes;

    iii) *El partir el pan.* Esta expresión se refiere a una

comida común, pero en este contexto, parece hablar de la comida especial de los cristianos: la Cena del Señor;

iv) *Las oraciones.* La primera iglesia tomaba muy en serio la necesidad de hablar con Dios. Ninguna relación sobrevive si no hay comunicación, ni siquiera nuestra relación con Dios.

La primera iglesia se reunía todos los días. Se cuidaban los unos a los otros y adoraban juntos. Es lo que Dios quiere de su pueblo.

En Hechos 2, vemos la primera proclamación del mensaje de salvación en Cristo. También vemos a los primeros que se convirtieron al oír el mensaje.

Tal vez sea la primera vez que Ud. escucha este mensaje. Tal vez lo escuchó antes, sin responder. Sea como sea, le animo que crea este mensaje y que lo reciba. Deje que Jesús, el Cristo, sea Señor de su vida. Entrégase hoy a El en el bautismo, recibiendo el perdón de los pecados y el Espíritu de Dios en su vida.

Y hágase miembro de una comunidad de creyentes. En las iglesias de Cristo, encontrará a cristianos que predican este mensaje y buscan vivirlo. Debe haber un grupo de cristianos cerca de Ud. que enseña y practica lo que se ve en Hechos 2.

Si necesita ayuda para encontrar tal grupo, contáctese conmigo o con la persona que le dio este libro. Dios le bendiga.

Apuntes del capítulo 10

Apuntes del capítulo 10

Registro de los capítulos biblicos - El Antiguo Testamento

Marque la casilla después de leer cada capítulo.

GÉNESIS

1	2	3	4	5	6	7	8	9	10
11	12	13	14	15	16	17	18	19	20
21	22	23	24	25	26	27	28	29	30
31	32	33	34	35	36	37	38	39	40
41	42	43	44	45	46	47	48	49	50

ÉXODO

1	2	3	4	5	6	7	8	9	10
11	12	13	14	15	16	17	18	19	20
21	22	23	24	25	26	27	28	29	30
31	32	33	34	35	36	37	38	39	40

LEVÍTICO

1	2	3	4	5	6	7	8	9	10
11	12	13	14	15	16	17	18	19	20
21	22	23	24	25	26	27			

NÚMEROS

1	2	3	4	5	6	7	8	9	10
11	12	13	14	15	16	17	18	19	20
21	22	23	24	25	26	27	28	29	30
31	32	33	34	35	36				

DEUTERONOMIO

1	2	3	4	5	6	7	8	9	10
11	12	13	14	15	16	17	18	19	20
21	22	23	24	25	26	27	28	29	30
31	32	33	34						

JOSUÉ

1	2	3	4	5	6	7	8	9	10
11	12	13	14	15	16	17	18	19	20
21	22	23	24						

JUECES

1	2	3	4	5	6	7	8	9	10
11	12	13	14	15	16	17	18	19	20
21									

RUT

1	2	3	4

1 SAMUEL

1	2	3	4	5	6	7	8	9	10
11	12	13	14	15	16	17	18	19	20
21	22	23	24	25	26	27	28	29	30
31									

2 SAMUEL

1	2	3	4	5	6	7	8	9	10
11	12	13	14	15	16	17	18	19	20
21	22	23	24						

1 REYES

1	2	3	4	5	6	7	8	9	10
11	12	13	14	15	16	17	18	19	20
21	22								

2 REYES

1	2	3	4	5	6	7	8	9	10
11	12	13	14	15	16	17	18	19	20
21	22	23	24	25					

1 CRÓNICAS

1	2	3	4	5	6	7	8	9	10
11	12	13	14	15	16	17	18	19	20
21	22	23	24	25	26	27	28	29	

2 CRÓNICAS

1	2	3	4	5	6	7	8	9	10
11	12	13	14	15	16	17	18	19	20
21	22	23	24	25	26	27	28	29	30
31	32	33	34	35	36				

ESDRAS

1	2	3	4	5	6	7	8	9	10

NEHEMÍAS

1	2	3	4	5	6	7	8	9	10
11	12	13							

ESTER

1	2	3	4	5	6	7	8	9	10

JOB

1	2	3	4	5	6	7	8	9	10
11	12	13	14	15	16	17	18	19	20
21	22	23	24	25	26	27	28	29	30
31	32	33	34	35	36	37	38	39	40
41	42								

SALMOS

1	2	3	4	5	6	7	8	9	10
11	12	13	14	15	16	17	18	19	20
21	22	23	24	25	26	27	28	29	30
31	32	33	34	35	36	37	38	39	40
41	42	43	44	45	46	47	48	49	50
51	52	53	54	55	56	57	58	59	60
61	62	63	64	65	66	67	68	69	70
71	72	73	74	75	76	77	78	79	80

SALMOS (continuado)

81	82	83	84	85	86	87	88	89	90
91	92	93	94	95	96	97	98	99	100
101	102	103	104	105	106	107	108	109	110
111	112	113	114	115	116	117	118	119	120
121	122	123	124	125	126	127	128	129	130
131	132	133	134	135	136	137	138	139	140
141	142	143	144	145	146	147	148	149	150

PROVERBIOS

1	2	3	4	5	6	7	8	9	10
11	12	13	14	15	16	17	18	19	20
21	22	23	24	25	26	27	28	29	30
31									

ECLESIASTÉS

1	2	3	4	5	6	7	8	9	10
11	12								

CANTARES

1	2	3	4	5	6	7	8

ISAÍAS

1	2	3	4	5	6	7	8	9	10
11	12	13	14	15	16	17	18	19	20
21	22	23	24	25	26	27	28	29	30

ISAÍAS (continuado)

31	32	33	34	35	36	37	38	39	40
41	42	43	44	45	46	47	48	49	50
51	52	53	54	55	56	57	58	59	60
61	62	63	64	65	66				

JEREMÍAS

1	2	3	4	5	6	7	8	9	10
11	12	13	14	15	16	17	18	19	20
21	22	23	24	25	26	27	28	29	30
31	32	33	34	35	36	37	38	39	40
41	42	43	44	45	46	47	48	49	50
51	52								

LAMENTACIONES

1	2	3	4	5

EZEQUIEL

1	2	3	4	5	6	7	8	9	10
11	12	13	14	15	16	17	18	19	20
21	22	23	24	25	26	27	28	29	30
31	32	33	34	35	36	37	38	39	40
41	42	43	44	45	46	47	48		

DANIEL

1	2	3	4	5	6	7	8	9	10
11	12								

OSEAS

1	2	3	4	5	6	7	8	9	10
11	12	13	14						

JOEL

1	2	3

AMÓS

1	2	3	4	5	6	7	8	9

ABDÍAS

1

JONÁS

1	2	3	4

MIQUEAS

1	2	3	4	5	6	7

NAHUM

1	2	3

HABACUC

1	2	3

SOFONÍAS

1	2	3

HAGEO

1	2

ZACARÍAS

1	2	3	4	5	6	7	8	9	10
11	12	13	14						

MALAQUÍAS

1	2	3	4

Registro de los capítulos biblicos – El Nuevo Testamento

Marque la casilla después de leer cada capítulo.

MATEO

1	2	3	4	5	6	7	8	9	10
11	12	13	14	15	16	17	18	19	20
21	22	23	24	25	26	27	28		

MARCOS

1	2	3	4	5	6	7	8	9	10
11	12	13	14	15	16				

LUCAS

1	2	3	4	5	6	7	8	9	10
11	12	13	14	15	16	17	18	19	20
21	22	23	24						

JUAN

1	2	3	4	5	6	7	8	9	10
11	12	13	14	15	16	17	18	19	20
21									

HECHOS

1	2	3	4	5	6	7	8	9	10
11	12	13	14	15	16	17	18	19	20
21	22	23	24	25	26	27	28		

ROMANOS

1	2	3	4	5	6	7	8	9	10
11	12	13	14	15	16				

1 CORINTIOS

1	2	3	4	5	6	7	8	9	10
11	12	13	14	15	16				

2 CORINTIOS

1	2	3	4	5	6	7	8	9	10
11	12	13							

GÁLATAS

1	2	3	4	5	6

EFESIOS

1	2	3	4	5	6

FILIPENESES

1	2	3	4

COLOSENSES

1	2	3	4

1 TESALONICENSES

1	2	3	4	5

2 TESALONICENSES

1	2	3

1 TIMOTEO

1	2	3	4	5	6

2 TIMOTEO

1	2	3	4

TITO

1	2

FILEMÓN

1

HEBREOS

1	2	3	4	5	6	7	8	9	10
11	12	13							

SANTIAGO

1	2	3	4	5

1 PEDRO

1	2	3	4	5

2 PEDRO

1	2	3

1 JUAN

1	2	3	4	5

2 JUAN

1

3 JUAN

1

JUDAS

1

APOCALIPSIS

1	2	3	4	5	6	7	8	9	10
11	12	13	14	15	16	17	18	19	20
21	22								

www.ingramcontent.com/pod-product-compliance
Lightning Source LLC
Chambersburg PA
CBHW070521030426

42337CB00016B/2043